SUR UN ABCÈS CHRONIQUE SIMPLE

DU

CANAL MÉDULLAIRE DE L'HUMÉRUS

TRAITÉ AVEC SUCCÈS

PAR LA TRÉPANATION,

PAR M. PAUL BROCA,

PROFESSEUR AGRÉGÉ A LA FACULTÉ DE MÉDECINE,
CHIRURGIEN DES HOPITAUX DE PARIS, ETC.

PARIS

TYPOGRAPHIE DE HENRI PLON,

IMPRIMEUR DE L'EMPEREUR,

RUE GARANCIÈRE, 8.

1859

SUR UN ABCÈS CHRONIQUE SIMPLE

DU CANAL MÉDULLAIRE DE L'HUMÉRUS

TRAITÉ AVEC SUCCÈS

PAR LA TRÉPANATION.

***

M. BROCA résume rapidement l'histoire des abcès du canal médullaire des os longs. On trouve dans les recueils d'observations du dix-huitième siècle un certain nombre de cas où la trépanation a été pratiquée sur les os longs, principalement sur le tibia, pour évacuer le pus. Il est probable que quelques-uns de ces faits sont relatifs à des abcès simples du canal médullaire ; mais les chirurgiens, convaincus qu'une plaie ou une suppuration des os ne pouvait guérir sans exfoliation, c'est-à-dire sans nécrose, appliquaient après l'opération des topiques destinés à provoquer ou à accélérer cette exfoliation. On voit donc dans toutes leurs observations des séquestres se détacher tôt ou tard des parois de la cavité ouverte par le trépan, et on ne peut pas savoir si ces séquestres ont été la cause des abcès ou l'effet du traitement. On ne peut savoir par conséquent si l'abcès était simple ou s'il était symptomatique d'une nécrose profonde. Quoi qu'il en soit, les symptômes propres aux abcès simples du canal médullaire étaient tout à fait inconnus alors, et le premier chirurgien qui ait décrit cette affection, qui en ait indiqué les signes et régularisé le traitement, est notre éminent collègue de Londres M. Benjamin Brodie.

En 1824, M. Brodie se décida à couper la jambe d'un malade qui présentait un gonflement considérable du tibia, accompagné de douleurs intolérables et incoercibles. A l'examen du membre, il reconnut qu'il existait un abcès de l'extrémité inférieure du canal médullaire, et qu'on aurait pu conserver le membre en évacuant le pus au moyen de la trépanation. Cette leçon ne fut pas perdue pour lui, et quatre ans après, ayant à traiter un cas analogue, avec cette seule différence que le gonflement occupait l'extrémité supérieure du tibia, il osa appliquer en ce point une couronne de trépan, et il eut le bonheur de rencontrer du premier coup un petit abcès contenant environ deux drachmes de pus. L'opéré, dont la maladie datait de dix ans, fut guéri au bout de six mois, et le gonflement du tibia, qui était très-considérable, disparut peu à peu presque entièrement.

Depuis lors, le traitement des abcès chroniques du canal médullaire par la trépanation fut érigé en méthode. En 1846, M. Brodie avait déjà trépané et guéri six malades. Liston en avait guéri deux autres.

En 1856, rédigeant un article sur les abcès des os pour le *Dictionnaire de chirurgie* de M. Costello (*The Cyclopedia of practical surgery*, vol. III, article OSTEITIS), M. Broca réunit tous les faits qu'il put trouver dans les recueils, et reconnut avec surprise que l'opération de Brodie n'avait pas encore été pratiquée sur le continent. Les abcès du canal médullaire, étudiés par M. Brodie dans deux mémoires importants, n'avaient pas été l'objet d'une description didactique, et pour combler cette lacune, M. Broca mit en œuvre dix-sept observations cliniques ou anatomo-pathologiques, qui lui permirent d'étudier méthodiquement la physiologie et la pathologie des abcès simples du canal médullaire.

Ces abcès occupent constamment l'une des extrémités du canal médullaire ; ils sont en général peu volumineux, et dépassent rarement le volume d'une amande. Le gonflement considérable qui les accompagne survient graduellement, et il est dû à la formation de couches osseuses sous-périostales, qui à la longue deviennent très-épaisses, très-dures et presque éburnées. La surface de l'os est ordinairement assez lisse. L'abcès est limité par une mince membrane pyogénique, douée sur le vivant d'une sensibilité excessive. La partie adjacente du canal médullaire est oblitérée par une masse de tissu spongieux très-dur et très-serré. Le tissu spongieux de l'épiphyse correspondante est lui-même plus dense et plus dur qu'à l'état normal. La cavité de l'abcès offre des contours réguliers.

Ces diverses lésions existent sur l'extrémité supérieure d'un tibia que M. Broca met sous les yeux de la Société, et qu'il a trouvé à l'Ecole pratique sur un cadavre d'origine inconnue. Cet os est tuméfié dans sa moitié supérieure, et est bien plus lourd et plus dense qu'à l'état normal. Sur la coupe longitudinale qui a été faite à la scie avec beaucoup de difficulté, on voit que l'abcès est situé à 5 centimètres de la surface articulaire, et qu'il occupe bien réellement l'extrémité du canal médullaire. Il est de forme ovoïde, long de 3 centimètres et large de 15 millimètres.

Au-dessous de lui le canal médullaire est oblitéré par un tissu spongieux très-dur et très-serré, dans une étendue de 7 centimètres. L'abcès est séparé de la surface de l'os par une paroi compacte et épaisse de 14 à 18 millimètres, qu'il aurait fallu traverser pour donner issue au pus. Une mince membrane pyogénique existait sur la pièce fraîche, et séparait l'os du liquide purulent, dont les caractères ont été constatés au microscope.

Les abcès chroniques simples du canal médullaire, dus dans l'origine à une médullite suppurative circonscrite, provoquent ensuite autour d'eux un travail d'ostéite condensante, qui augmente graduellement l'épaisseur et même la dureté des parois de ce canal. L'obstacle qui s'oppose à l'évacuation du pus s'accroît donc sans cesse au lieu de diminuer, de telle sorte que ces abcès peuvent persister un grand nombre d'années (vingt-cinq ans dans un cas) sans se frayer une ouverture, sans se creuser des cloaques, comme le font les abcès symptomatiques de la nécrose.

Cette affection a pour siége de prédilection le tibia (quinze cas sur les dix-sept rassemblés par M. Broca). Elle débute presque toujours entre la douzième et la dix-huitième année, et sur dix-sept malades, il y en avait quinze qui appartenaient au sexe masculin. Les symptômes sont d'abord ceux d'une ostéite profonde, et ne présentent au début rien de bien spécial ; mais peu à peu il survient un gonflement plus ou moins considérable de l'extrémité osseuse, et la douleur toujours croissante ne tarde pas à devenir caractéristique. Cette douleur profonde et térébrante a son siége principal au niveau de l'abcès, et s'irradie souvent dans toute l'étendue de l'os ; elle est rarement continue, presque toujours elle présente des rémissions et même des intermittences complètes ; revenant par crises irrégulières, dont l'intensité, la fréquence et la durée vont en s'accroissant chaque année, elle devient souvent excessive, malgré tous les traitements, au point d'empêcher complétement le sommeil pendant plusieurs semaines consécutives, et il est arrivé plusieurs fois que les malades sont venus réclamer à grands cris l'amputation.

A la suite de la trépanation, cette douleur disparaît quelquefois tout à coup ; d'autres fois, elle n'est que diminuée pendant les premiers jours, après quoi elle se dissipe graduellement à mesure que la membrane pyogénique perd sa sensibilité. L'ouverture reste longtemps fistuleuse, et ne se referme ordinairement qu'au bout de cinq ou six mois.

Enfin le gonflement du squelette se dissipe en grande partie, ce qui est dû à la résorption partielle des couches osseuses nouvelles, dont la formation avait été provoquée par la présence du pus.

Tels sont les principaux résultats des recherches que M. Broca a consignées en 1856 dans son travail sur les abcès chroniques simples du canal médullaire. Grâce à cette étude particulière d'une affection fort rare, qui n'a pas encore trouvé place dans nos traités classiques, il a pu établir un diagnostic exact et un traitement convenable dans le cas suivant, qu'il communique aujourd'hui à la Société de chirurgie.

OBSERVATION. — Le 24 septembre dernier, dit-il, pendant mon séjour à Sainte-Foy, j'ai été consulté par M. L...., aubergiste au bourg de Gardonne, pour une affection de l'humérus dont le début remontait à douze années.

C'est un homme âgé de trente ans, d'une stature herculéenne, d'une constitution excellente, mais arrivé, par suite des douleurs presque continuelles qui le tourmentent depuis plusieurs années, à un état de maigreur très-prononcé. Sa poitrine est parfaitement saine. Il est exempt d'antécédents de scrofule, de tubercules et de syphilis.

Au mois de février 1847, par un froid très-vif et par un temps de neige, M. L...., alors âgé de dix-huit ans, fit un soir, en courant presque continuellement, un trajet de 9 kilomètres. En arrivant, il était tout trempé de sueur, et, sans avoir le temps de changer de linge, il prit part à un festin qui dura plusieurs heures. Il eut grand froid pendant le repas; le soir même, il fut pris de frisson et de fièvre, fut obligé de s'aliter le lendemain, et pendant douze jours on le crut menacé de fièvre typhoïde. Au bout de ce temps, le bras droit devint le siége d'une tuméfaction considérable, accompagnée d'une vive douleur. Trois ou quatre jours après, il devint nécessaire de pratiquer sur la partie externe et moyenne de ce membre une longue incision, qui suppura très-longtemps. On ne tarda pas à reconnaître que l'os était à nu, et depuis lors l'humérus a toujours été malade.

Dans le courant de l'année 1847, l'incision du bras se referma, mais la partie inférieure de l'humérus, près du coude, se tuméfia, et il se forma près de l'olécrâne deux abcès qui s'ouvrirent, restèrent plusieurs mois fistuleux, et laissèrent échapper chacun une lamelle d'os large et épaisse comme un ongle. Lorsque les ouvertures furent refermées, le coude était définitivement ankylosé à angle droit.

Depuis lors, onze ans se sont écoulés sans qu'il se soit formé de nouvel abcès extérieur dans la moitié inférieure de l'humérus. Mais, il y a un peu plus de sept ans, en 1852, trois abcès s'ouvrirent à la partie supérieure du bras : l'un en dedans , près de l'insertion du grand pectoral; les deux autres en dehors et en avant , vers l'insertion du deltoïde. Il sortit d'abord par les deux ouvertures inférieures plusieurs petites esquilles; puis un jour, en tirant sur une pointe osseuse qui faisait saillie, le chirurgien amena à l'extérieur un séquestre comprenant près de la moitié supérieure du corps de l'humérus (environ 12 centimètres). En très-peu de temps les ouvertures se cicatrisèrent ; un os nouveau, aujourd'hui très-solide et presque régulier, maintint la longueur du membre. Le malade put se croire guéri , si ce n'est que le coude était toujours ankylosé , et que l'articulation scapulo-humérale était un peu roide ; elle l'est encore , quoiqu'elle permette des mouvements assez étendus.

Aucun abcès ne s'est montré à l'extérieur depuis cette époque, c'est-à-dire pendant les sept années qui viennent de s'écouler. Mais très-peu de temps après la cicatrisation des fistules de la partie supérieure du bras, il survint dans le tiers inférieur de l'humérus , en un point qui n'a pas varié, une douleur assez vive, accompagnée d'un gonflement léger de la moitié inférieure de l'os. On pouvait croire que cette moitié inférieure allait se nécroser comme la supérieure; pourtant il n'en fut rien.

Les douleurs disparaissaient tout à fait de temps en temps , puis reparaissaient après un intervalle variable , et duraient plusieurs semaines. Dans ces dernières années, les crises devinrent plus vives , plus fréquentes et plus longues. M. le docteur Giroux , de Gardonne , vit pour la première fois le malade il y a trois ans. Il a remarqué que, quand la douleur s'exaspérait, la peau de la région externe et postérieure de la partie inférieure du bras devenait lisse et tendue ; quelquefois légèrement colorée, avec empâtement des tissus subjacents ; il a cru plusieurs fois qu'il allait se former un abcès , mais la résolution s'est toujours opérée sans qu'on ait pu trouver nulle part la moindre fluctuation. Après la résolution, le volume de l'os paraissait un peu accru, et M. Giroux déclare aujourd'hui que ce volume est notablement plus considérable qu'il y a trois ans.

Cependant les douleurs s'accroissaient à chaque crise nouvelle sans que rien pût les calmer. Depuis deux ans, il n'y a pas eu de rémission complète ; les crises sont devenues insupportables , et plus d'une fois le malade a été privé de sommeil pendant plus d'une semaine.

Le 24 septembre, le malade me fut présenté par son ami M. Festal, vétérinaire à Gardonne ; il était pâle, amaigri, et exténué par la douleur qui était continuelle ; il y avait plus de vingt jours qu'il n'avait dormi, et venait me prier de lui pratiquer l'amputation.

L'extrémité supérieure de l'humérus droit, constituée par un os nouveau, était d'ailleurs saine, et à peine plus grosse que du côté opposé. A partir de l'insertion du deltoïde, le corps de l'humérus se renflait graduellement jusqu'au pli du coude. Le point où la douleur avait son centre était situé à environ 8 centimètres au-dessus de la ligne articulaire du coude ankylosé. A ce niveau, la diaphyse de l'os paraissait avoir 7 ou 8 centimètres de diamètre. La pression sur ce point n'était nullement douloureuse, quoique les chairs fussent quelque peu engorgées. Les mouvements du bras et de la main n'étaient pas douloureux non plus. La douleur était profonde, et le malade annonçait lui-même qu'elle résidait au centre de l'os.

Dans toute autre circonstance, avec de pareils symptômes, je n'aurais pas hésité à diagnostiquer un abcès simple du canal médullaire de l'humérus. Mais je ne pouvais oublier que, onze ans auparavant, deux esquilles s'étaient détachées de l'extrémité inférieure de cet os, près de l'olécrâne, et que cinq ans après une grande nécrose avait détruit toute la partie supérieure de la diaphyse. Il y avait donc eu, à deux reprises différentes, un travail de mortification, tant au-dessus qu'audessous de la partie actuellement malade, et je dus me demander s'il ne s'agissait pas simplement d'un séquestre invaginé, dû à la récidive, ou plutôt à la continuation de la première maladie, comme on n'a que trop souvent l'occasion de l'observer. Mais depuis sept ans que duraient les nouveaux symptômes, ce séquestre aurait eu, et bien au delà, le temps de devenir libre, et le travail d'élimination aurait dû presque nécessairement entraîner la formation de cloaques et d'abcès extérieurs. Or, il n'y avait à ce niveau aucune cicatrice, et le malade affirmait que depuis sept ans il ne s'était produit chez lui aucune suppuration appréciable. En outre, l'intensité extraordinaire de la douleur, la rémission et les exacerbations qu'elle avait présentées, étaient tellement en désaccord avec les symptômes ordinaires de la nécrose, et contrastaient d'une manière si frappante avec la marche indolente des anciennes nécroses du même malade, que la maladie actuelle me parut tout à f it différente de la première.

Je diagnostiquai donc un abcès simple du canal médullaire de l'humérus ; je proposai l'opération de la trépanation, et M. L..., qui avait fait d'avance le sacrifice de son membre, accepta avec empressement ma proposition.

Par malheur je n'avais pas ma boîte de trépan, et j'étais trop loin de Paris et trop rapproché de mon départ pour avoir le temps de me procurer des instruments chirurgicaux. Je m'armai donc d'une grosse vrille de charpentier de 8 millimètres de diamètre. Puis, comme je n'ignorais pas que j'avais à traverser une couche très-épaisse d'un tissu osseux très-dur et très-compacte, craignant que ma grosse vrille ne pût pénétrer sans s'émousser, je pris pour lui faire la voie une petite vrille connue sous le nom d'*avant-clou*. Je mets sous vos yeux ces deux instruments. Pour compléter mon arsenal improvisé, j'y joignis un ciseau plat d'armurier et un maillet de bois.

Le 27 septembre 1859, à trois heures de l'après-midi, je me rendis à Gardonne et je procédai à l'opération avec le concours de MM. les docteurs Broca père, Boymier, Duplais et Giroux. Le malade fut soumis à l'inhalation du chloroforme et maintenu endormi pendant tout le temps de l'opération, qui dura près de trois quarts d'heure.

Je fis d'abord à la partie postéro-externe du bras une incision longitudinale de 8 centimètres, descendant jusqu'à 5 centimètres environ de l'articulation du coude. L'incision pénétra jusqu'à l'os à travers une couche de tissus indurés et de muscles lardacés, épaisse de 1 centimètre et demi. Je voulus, au fond de cette plaie, détacher le périoste avec la sonde cannelée ; il était trop adhérent, et je dus transformer en rugine l'extrémité d'un bistouri.

Le sang coulait en abondance ; je liai deux artérioles, mais l'hémorrhagie continua en nappe. Je pris le parti de tamponner la plaie avec le perchlorure de fer pour ne pas être gêné par le sang pendant la trépanation. L'écoulement de sang étant en grande partie tari, je pus examiner la surface de l'os ; elle était blanche, presque lisse, et très compacte. J'eus un instant la crainte que la dureté presque éburnée de l'os ne résistât à l'action des instruments défectueux dont j'étais armé, et je dus me résoudre à procéder avec une grande lenteur pour éviter de casser mes vrilles, dont il m'eût été ensuite presque impossible de retirer le fragment terminal.

Je savais que les abcès du canal médullaire sont toujours très-petits et quelquefois moins gros qu'une amande, et je ne pouvais guère espérer de rencontrer du premier coup la cavité de l'abcès avec des instruments d'un petit diamètre. En outre, j'étais privé d'un point de repère fort précieux en pareil cas ; le coude était ankylosé, et je ne pouvais déterminer avec exactitude le niveau de la ligne articulaire ; la situation de l'extrémité inférieure du canal médullaire, que je cherchais, ne pouvait donc être reconnue par des moyens anatomiques

précis. Je résolus donc de faire successivement de bas en haut plusieurs perforations successives, situées à 2 centimètres de distance
les unes des autres. Je me proposais de faire ainsi, au besoin, jusqu'à
trois perforations ; si aucune d'elles n'avait rencontré l'abcès, j'aurais
fait sauter au ciseau les ponts intermédiaires ; enfin, si le pus n'était
pas venu, j'aurais confié à la nature le soin de l'évacuer consécuti-
vement.

Je fis le premier trou à environ 2 centimètres de l'extrémité inférieure de mon incision, c'est-à-dire à 6 centimètres du niveau présumé
de la ligne articulaire du coude ankylosé. La petite vrille pénétra très-
difficilement, et, pour faire avancer la grosse, je dus employer une
grande force. J'étais obligé de retirer souvent mon instrument, parce
qu'il s'échauffait beaucoup, malgré le contact du sang. Arrivé à une
profondeur d'un demi-centimètre, la résistance diminua un peu ; enfin
je pénétrai dans un tissu spongieux très-dense, dont je retrouvai quelques fragments reconnaissables dans la cuiller de la vrille. A 4 centimètres je m'arrêtai. Il était clair que j'avais manqué l'abcès. Je re-
commençai donc à 2 centimètres plus haut.

Je parvins de nouveau, avec la même lenteur et la même difficulté,
à une profondeur de 2 centimètres et demi. Je sentis alors la résistance diminuer, et je retirai la vrille ; mais il ne s'écoula que du
sang. Il y avait dans la cuiller un peu de tissu spongieux, et je me
demandais déjà s'il fallait creuser davantage ou passer à la troisième
perforation, lorsque mon père s'écria tout à coup qu'il voyait le pus ;
on apercevait, en effet, une strie blanche sur le sang. Je pénétrai
aussitôt dans le foyer avec une sonde cannelée, et j'eus la satisfaction
de voir s'écouler une quantité de pus que nous évaluâmes au volume
d'une amande. J'étais soulagé d'un grand poids.

En explorant avec un stylet recourbé la cavité de l'abcès, je recon-
nus que je n'avais atteint que la partie la plus inférieure de cette
cavité, qui se prolongeait au-dessus de ma dernière perforation dans
une étendue d'environ 2 centimètres. Il me parut nécessaire d'ouvrir
au pus une voie plus large et plus directe. Je fis donc avec une grosse
vrille une troisième perforation, située à 1 centimètre au-dessus de la
seconde ; puis je fis sauter avec le maillet et le ciseau les ponts intermédiaires. J'obtins ainsi une gouttière étroite et profonde qui abou-
tissait à l'abcès. Je l'élargis ensuite au ciseau jusqu'à ce qu'elle eût
1 centimètre de large, et je pus alors introduire le petit doigt dans
le foyer purulent, qui était très-régulier, elliptique, long de plus de
2 centimètres, large d'environ un demi, et tapissé intérieurement

d'une membrane lisse, qui était douée d'une sensibilité extraordinaire. Quoique le malade fût encore endormi et insensible partout
ailleurs, le moindre attouchement sur cette membrane provoquait des
cris et des mouvements dont il n'a du reste gardé aucun souvenir. En
explorant la cavité soit avec le doigt, soit avec la sonde, nous nous
assurâmes qu'il n'y avait aucune dénudation, aucune anfractuosité,
aucune trace de carie ou de nécrose. Notre abcès était par conséquent
un abcès chronique simple du canal médullaire. Il était séparé de la
surface de l'os par une couche compacte épaisse de 16 millimètres.
Je vous présente le pont osseux qui existait entre la deuxième et la
troisième perforation, et que j'ai fait sauter au ciseau ; sa plus grande
longueur, qui est de 16 millimètres, représente l'épaisseur de la paroi
de l'abcès. Le tissu de ce fragment d'os est d'une dureté éburnée
très-supérieure à celle du tissu compacte ordinaire, et les deux faces
qui ont été coupées par le ciseau sont devenues presque polies sous la
pression de l'instrument.

J'introduisis une étroite et longue mèche de charpie dans la cavité de
l'os, et je pansai la plaie avec de légers bourdonnets de charpie.

La nuit qui suivit l'opération fut assez pénible. Le malade souffrait
beaucoup dans sa plaie ; cette douleur, suivant lui, différait entièrement
par son siége et par sa nature de celle qu'il éprouvait avant l'ouverture
de l'abcès. Il y eut néanmoins un peu de sommeil, fréquemment inter-
rompu.

Le lendemain matin, 28 septembre, quoique seize heures à peine se
fussent écoulées depuis l'opération, M. Giroux trouva toutes les pièces
de pansement imbibées de pus. Il renouvela le pansement extérieur
sans enlever la mèche, qui resta en place jusqu'à ma visite du 29. Les
pansements ont dû être faits matin et soir pendant plusieurs jours, à
cause de l'abondance de la suppuration.

L'opéré avait eu la fièvre pendant la nuit du 27 au 28, et l'avait
gardée jusque vers la matinée du 29. Ce jour-là il se trouva sensible-
ment mieux, prit avec plaisir un peu de viande, et à quatre heures du
soir, quand je vins lui faire ma seconde et dernière visite, je le trouvai
installé dans un fauteuil. Le pouls était à 84 ; la langue était à peine
chargée, le facies assez bon ; il n'y avait plus qu'une douleur légère et
superficielle. L'ablation des pièces extérieures du pansement ne fut
nullement douloureuse, mais quand j'enlevai la mèche le malade souf-
frit beaucoup. Celle-ci ne fut pas remplacée. J'appliquai un pansement
simple avec le linge troué. Je dois ajouter que les lèvres de la plaie

étaient recouvertes d'une mince couche de lymphe plastique étalée sous forme de fausses membranes.

Le traitement consécutif a été dirigé par M. le docteur Giroux, médecin de M. L...

Voici maintenant les renseignements que m'ont fournis mon père et mon confrère M. Boymier, sur les suites ultérieures de l'opération :

Le 30 septembre, fausses membranes plus épaisses que la veille ; plaie très-douloureuse. — Pansement au jus de citron, diète.

Dans la nuit du 30 au 31, fièvre, insomnie, diarrhée intense, douze selles en quelques heures. (Il y a dans le pays beaucoup de cas de dyssenterie.) — Lavements laudanisés.

Le 1er octobre, les fausses membranes disparaissent ; la diarrhée est arrêtée. — Vin de quinquina. L'appétit renaît, le sommeil revient.

Le 2, une demi-ration.

Le mieux continue les jours suivants. Appétit presque normal ; l'opéré commence à se promener ; la douleur diminue peu à peu. La suppuration, extrêmement abondante pendant les premiers jours, commence à diminuer à partir du 9 octobre. Les deux extrémités de la plaie sont en bonne voie de cicatrisation.

Du 10 au 15, trois petits fragments osseux, dont le principal a environ 3 millimètres de diamètre, tombent dans les pièces du pansement.

Le 17, état très-satisfaisant, douleur fort modérée qui décroît de jour en jour ; l'appétit est revenu avec le sommeil. Les bourgeons charnus forment une couche continue, interrompue seulement au niveau de la partie moyenne de l'abcès. Il se forme évidemment en ce point une fistule qui ne pourra se refermer que longtemps après la cicatrisation du reste de la plaie. Deux autres petits fragments d'os, semblables aux râclures que j'ai ramenées avec la vrille pendant l'opération, sont sortis par cette ouverture du 17 au 20.

Le 21, nuit anxieuse.

Le 22, léger gonflement ; plaie grise, recouverte d'une mince fausse membrane. — Pansement au jus de citron.

Le 23, la plaie est redevenue vermeille, le gonflement est dissipé.

Le 24 et le 25, à la partie moyenne de la plaie les bourgeons charnus s'écartent pour laisser passer deux esquilles minces et irrégulières, longues d'un centimètre environ, et paraissant dues à une exfoliation superficielle des bords de la mortaise, ou de la surface de l'os qui a été ruginée avant la trépanation, et qui a de plus subi le contact du perchlorure de fer. L'état général est excellent, la douleur est dissipée.

L'opéré se promène toute la journée. Il se propose de faire demain un trajet de 9 kilomètres pour aller voir mon père à Sainte-Foy.

Il est digne de remarque qu'avant l'opération, le malade, outre les douleurs atroces qu'il ressentait dans le bras, éprouvait dans la main correspondante une chaleur insupportable avec une sueur abondante et presque continuelle. Depuis l'opération, cette chaleur et cette sueur ont été en décroissant comme la douleur, et ont fini par disparaître.

Il s'écoulera encore plusieurs mois sans doute avant que la guérison soit complète. Il m'est permis d'espérer que mon opéré sera aussi heureux que l'ont été ceux de Liston et de Brodie. Je vous communiquerai plus tard la fin de l'observation, mais je n'ai pas voulu attendre jusque-là pour vous entretenir d'un fait rare et déjà instructif. C'est la première fois, à ma connaissance, qu'on observe soit sur le vivant, soit sur le cadavre, un abcès du canal médullaire de l'humérus. M. Brodie a cru une fois à l'existence d'un de ces abcès, et a trépané l'humérus sans trouver de collection purulente. C'est la seule erreur de diagnostic qu'il ait commise en ce genre, et il est bon d'ajouter que le malade, à la suite de la trépanation, fut complétement délivré des douleurs atroces qui avaient fait croire à l'existence d'un abcès.

Une circonstance qui pourrait permettre à l'avenir d'éviter une semblable erreur de diagnostic, c'est que chez ce malade de M. Brodie la tuméfaction osseuse occupait la partie moyenne du corps de l'humérus. Or, les abcès chroniques simples n'ont été rencontrés jusqu'ici qu'à l'extrémité du canal médullaire. Il est probable que lorsque la suppuration se produit dans la continuité de la moelle, la paroi compacte adjacente est inévitablement condamnée à la nécrose, au moins dans ses couches internes, tandis qu'à l'extrémité du canal cette paroi moins épaisse, moins compacte et plus vasculaire, peut échapper à la mortification, pourvu que la sécrétion du pus s'effectue assez lentement.